Me Gana La Risa
Volumen 8

Me Gana La Risa Volumen 8
Tato Garibay

Ilustraciones
Mariano Morales

Grupo Editorial Tomo, S. A. de C. V.
Nicolás San Juan 1043
03100 México, D. F.

1a. edición, julio 2005.

© *Me Gana La Risa. Volumen 8*
Tato Garibay

© 2005, Grupo Editorial Tomo, S.A. de C.V.
Nicolás San Juan 1043, Col. Del Valle
03100 México, D.F.
Tels. 5575-6615, 5575-8701 y 5575-0186
Fax. 5575-6695
http://www.grupotomo.com.mx
ISBN: 970-775-130-4
Miembro de la Cámara Nacional
de la Industria Editorial No. 2961

Diseño de Portada: Emigdio Guevara
Ilustraciones: Mariano A. Morales T.
Supervisor de producción: Leonardo Figueroa

Ninguna parte de esta publicación podrá ser reproducida
o transmitida en cualquier forma, o por cualquier medio
electrónico o mecánico, incluyendo fotocopiado, cassette, etc.,
sin autorización por escrito del editor titular del Copyright.

Impreso en México - *Printed in Mexico*

Introducción

De nueva cuenta me aventuro a publicar, con la ayuda de Grupo Editorial Tomo, un volumen más de chistes. Ha sido una tarea muy divertida el escuchar a la gente contar chistes o el recibirlos por correo electrónico. El trabajo de leerlos y catalogarlos ha sido un verdadero placer.

Espero que cada uno de ustedes, disfrute el leerlo y contarlo a familiares y amigos. Toma un chiste, "hazlo tuyo", "adórnalo" y "sazónalo" hasta que lo sientas como "propio" y, te aseguro, lograrás que quien lo escuche suelte una sonora carcajada.

Un amigo —que casualmente se dedica a la comedia— me dijo que los chistes son como las canciones, que están ahí, listos para que cualquiera los "interprete".

Y esa es la verdadera intención de estos libros de *Me gana la risa*, brindarte muchos chistes, de todo tipo y color, y que formen parte de tu vida. Sé muy bien que ellos no lograrán arreglar la situación política o económica de ningún lugar, pero al menos hará que lo olvides por unos cuantos minutos, algo que me dará enorme gusto.

Gracias por el apoyo a esta colección, y ojalá siempre *nos gane la risa* a todos.

Tato Garibay

Dos de parejas

Un hombre de compras descubre una nueva marca de condones "Condones Olímpicos". Impresionado compra una caja. Al llegar a casa, le anuncia a su mujer la nueva adquisición:

-"¿Condones Olímpicos?", dice ella. "¿Y qué tienen de especial?"

-"Vienen en tres colores. Oro, Plata y Bronce, como las medallas".

-"¿Y qué color te vas a poner esta noche?", pregunta ella.

-"Oro, por supuesto", dice el marido orgullosamente.

-"¿De verdad?... ¿Y por qué no usas de Plata? ¡Sería bueno que alguna vez no acabaras primero!"

En plena noche de luna de miel, la virgen e inexperta esposa, al ver desnudo a su marido y observar que éste "calzaba bastante grande" le dice temerosa:
-"Espera mi amor, me voy a poner cremita".
A lo que el portentoso marido le contesta con una mirada burlona:
-"¿Cremita?... ¡Ja! ¡Te vas a poner MORADA!"

Uno de viejitos

Un viejito de 70 años se casa con una chica de 20. En la noche de bodas, a la hora de la cuestión, el viejito le enseña su mano extendida a su mujer. La muchacha se asombra y le dice:
-"¿Qué? ¿Quieres cinco veces?"
Y el viejito le responde:
-"No, te estoy dando a escoger qué dedo quieres..."

Uno de Pepito

El papá de Pepito le dice a su hijo:
-"Mira Pepito, ¡ya hable con la cigüeña para que te traiga un hermanito!"
-"No me jodas papá. Habiendo tantas mujeres ¿¡te cogiste a una cigüeña!?"

Psicóloga

Una psicóloga y un hombre que la fue a ver se acuestan para hacer el amor en un diván de dos plazas. A la hora de la acción se escucha:
-"Ven acá. Déjame besarte el cuello. Así...", dice él.
-"¡Qué libidinoso estás hoy!", contesta ella.
-"Es que me vuelves loco, ¡potra!"
-"¿Potra? ¿Te gusta copular con equinos? ¡Sodomita!"
-"Claro que no. Es una forma de decirte algo sexy, mamita".
-"¿Mamita? ¿Acaso me estás usando para resolver tu complejo de Edipo?"

-"Quiero decir que me encantas, que eres divina".

-"¿Divina? Para que sepas, la idealización en la cama es un síntoma neurótico".

-"¡Basta! ¡Ya me tienes harto con tu mierda mental!"

-"¿Caca? Fijado en la etapa anal, ¿eh?"

-"¡Si sigues con esto juro que te abofeteo!"

-"Siempre sospeché que eras un sádico".

-"¡Basta! ¡Te lo ruego! ¡No me vuelvas loco!"

-"Hmm. Y también masoquista, muy típico".

-"¡Me tienes harto! ¡Te voy a matar!", grita sin soltar su cuello.

-"Aggg... Y... encima... psicópata... Aggg..."

-"¡No me persigas más con todo ese palabrerío! ¡Por favor, no me persigas más!", dice él soltándola.

-"Entiendo... Paranoico".

-"¡No! ¡No! ¡Lárgate! ¡Quiero estar solo! ¡Quiero estar solo!"

-"Pero eso es autoerotismo".

-"¡Socorro! ¡Policía! ¡Policía!"

-"Qué fácil pasas a la homosexualidad". Finaliza ella.

Borrachitos

Un borracho, pero qué digo borracho, un borrachote va de madrugada para su casa cuando se tropieza con otro que está aun más pedo que él:

-"Hola amigo, ¿está buena la peda?"

-"¡Sip!, da ganas de seguirla", contesta el otro.

-"Te invito a mi casa, para echarnos unos chupes de más y seguirla", dice el primero.

-"¿Dónde vives?", pregunta el invitado.

-"Aquí mismo, en esta casa blanca".

-"No puede ser", contesta el invitado, "allí vivo yo..."

-"¿Cómo se te ocurre?, yo vivo en esa casa hace 30 años... no uno, ni dos, ni tres, ¡treinta años!" contesta muy enojado.

Entran en una discusión y ya hasta se van a partir la madre, cuando mejor deciden tocar la puerta de la casa para aclarar quién tiene la razón. Al tocarla aparece una señora con esa cara furiosa que todos conocemos y al ver a ambos dice:

-"Qué bonito... qué bonito, el papá y el hijo igual de pedos... ¡qué bonito!"

Chiste cruel

Ramón está hablando con su mejor amigo y éste nota que el otro tiene cara de preocupación:
-"¿Qué te pasa, Joaquín? Te veo raro. ¿Tienes algún problema?"
-"Lo que tengo es una frustración del carajo, Ramón. Yo estaba orgulloso de cómo ponía a mi mujer. Cuando ella llegaba al orgasmo era una cosa tremenda: cómo se estremecía, brincaba, soltaba quejidos, ponía los ojos en blanco".
-"¿Y descubriste que todo era fingido?"
-"No, ¡descubrí que es epiléptica!"

Mujeres en los 20 y los 30

Ninguna mujer podrá negar que la década de los veinte es inolvidable, y para muestra basta un botón:

A LOS 20: ¡Por fin! Cumpliste los veinte y te sientes la última Coca-Cola del desierto. ¿Que más puedes pedir? Tu piel parece de durazno y aunque te comes doce tacos al pastor, a tu figura no le sobra nada.

21: Eres la mujer más deseada por los hombres (sobre todo por los mayores de 50). Además te llueven las propuestas matrimoniales (obviamente, de los mismos "rabo verde" de 50).

22: Comienza tu periodo laboral (y curiosamente con él, tus crisis económicas). Pero, qué más da, si dentro de poco te van a sacar de trabajar, ¿o no?

23: Aunque aun no has dejado de trabajar, ya puedes presumir que tienes las manos llenas de billetes (¡Total!, qué importa que sean propiedad del Banco en donde trabajas.)

24: ¡Ah, que felicidad! Has encontrado a tu príncipe azul, así que no tarda la hora en que tu dedo anular luzca una hermosa argolla de matrimonio.

25: ¡Oh decepción! Has extraviado a tu príncipe azul (aquel al que sus papás obligaron a hacer una maestría... en el extranjero).

26: Empiezas a preocuparte (todas tus amigas se están casando y tu galán, sí, el mismo que se fue al extranjero no da señales de vida).

27: Empiezas a despreocuparte, (al fin la mayoría de tus amigas ya se están divorciando).

28: Te entra el pánico. Acabas de descubrir que los doce tacos al pastor que te devorabas a los veinte años, ya están haciendo estragos en tu figura, ¿no será que estás embarneciendo?

29: ¡Horror! Ya averiguaste que no eras la última Coca-Cola del desierto, estás al final de los veintitantos y aún sigues contando billetes (que no son tuyos), el galán no aparece (¿será que tiene que repetir otros cinco años de maestría?). Y ya son menos los hombres que vuelven el rostro para mirarte, ni siquiera los "rabo verde" (¿no será que ya se extinguieron en este mundo?).

30: ¡El colapso total! Pero no te preocupes, la mejor etapa de la mujer comienza a los treinta...

DESPUÉS DE LOS 30...

1. Si eres soltera, lejos de perder el tren, te estás ahorrando un divorcio y tal vez un parto o dos o tres... no deseados.

2. Haz cuentas, tus pretendientes realmente de valor los estás consiguiendo ahora. ¿Qué tipo

de "animales" querían contigo a los 20? (el hombre casado, el papá de tu amiga, el vago afuera del colegio).

3. Ellos no te eligen... la que elige eres TÚ (hablando de hombres y de empleos).

4. Pesa más tu inteligencia y experiencia que tu peso en kilos.

5. El "qué dirán" baja del #1 al #18 en tus prioridades.

6. Tienes armas para descubrir mentiras y dejar cabrones sin caer en depresión. Ahora lo que no te mata te hace más fuerte. (Muy bueno).

7. No extrañas el uniforme colegial ni tus jeans de preparatoria cuando te enfundas en cualquier ropa de marca comprada con tu dinero.

8. La seguridad, autosuficiencia y autoestima después de los 28 no las compras con nada, la palabra COMPLEJO pasó de moda.

9. Estás lista para enamorarte, coger, concebir y mantener a tu hijo... si así lo desearas.

10. Adoras a tus padres, aprecias las leyes de la sociedad pero CHINGUE SU MADRE... NADA TE DETIENE.

¿Verdad que la vida empieza después de los 30?

Leyes universales

Ley de la Relatividad Documentada:
Nada es tan fácil como parece, ni tan difícil como lo explica el manual.

Ley de la Administración del Tiempo:
Todo lleva más tiempo que todo el tiempo que usted tiene disponible.

Ley de la Búsqueda Indirecta:
1. El modo más rápido de encontrar una cosa, es buscar otra.
2. Usted siempre encontrará aquello que no está buscando.

La Ley de la Telefonía:
Cuando se comunica...
1. Si usted tiene bolígrafo, no tiene papel.
2. Si tiene papel, no tiene bolígrafo.
3. Si tiene ambos, nadie atiende.
4. Cuando usted marca números de teléfono equivocados, nunca estarán ocupados.
5. Todo cuerpo sumergido en una bañera, hace sonar el teléfono.

Ley de la Gravedad:
Si usted consigue mantener la calma mientras a su alrededor todos están perdiendo la suya, probablemente usted no entiende la gravedad de la situación.

Reglamento del Especialista:
1. Especialista es aquella persona que sabe cada vez más sobre cada vez menos.
2. Superespecialista es el que sabe absolutamente todo sobre absolutamente nada.

Guía práctica para la ciencia moderna:
1. Si se mezcla, pertenece a la biología.
2. Si hiere, pertenece a la química.
3. Si no funciona, pertenece a la física.
4. Si nadie lo entiende, es matemática.
5. Si no tiene sentido, de seguro es economía o psicología.

Ley de los Cursos, pruebas y afines:
1. Si el curso que usted más desea hacer sólo tiene "n" vacantes, puede tener la certeza de que usted será el alumno "n+1" al intentar matricularse.

2. 80% del examen final estará basado en la única clase que usted perdió o en el único libro que usted no leyó.

3. Cada profesor parte del presupuesto de que usted no tiene nada más que hacer sino estudiar su materia.

Ley de las Unidades de Medida:
Si tiene escrito "Tamaño único", es porque no sirve en ningún tamaño.

Leyes de la Caída Libre:
Cualquier esfuerzo por agarrar un objeto en caída libre, provocará más destrucción de la que se produciría si dejásemos al objeto caer naturalmente.

Ley de las Colas y Embotellamientos:
1. La cola de al lado siempre anda más rápido.
2. No ayuda cambiar de carril. La ley no se altera.

Ley de la tela adhesiva:
Existen dos tipos de tela adhesiva: la que no pega y la que no sale.

Ley de la Vida:
1. Una persona saludable es aquella que no fue suficientemente examinada por los médicos.
2. Todo lo bueno de la vida es ilegal, inmoral o engorda.

Ley de Atracción de las Partículas:
Toda partícula que vuela, siempre encuentra un ojo abierto.

Contra ellos

La antigua teoría era: "cásate con un hombre mayor, porque son maduros", pero la nueva teoría es: "los hombres no maduran, cásate con un hombre joven".
Rita Rudner

***

"Lo que teme un hombre cuando piensa en matrimonio no es atarse a una mujer sino a separarse de todas las demás".
Elen Rowland

"Solía vivir sola... entonces me divorcié".
Anónimo

***

"Si un hombre te dice que necesita espacio, déjalo afuera".
Anónimo

***

"Las mujeres que buscan ser iguales a los hombres carecen de ambición".
Timothy Leary

***

¿Por qué los hombres son como el clima?
Porque hagas lo que hagas no podrás cambiarlo.

***

¿En qué se parece un hombre a la comida china?
En que empiezas con un rollito de primavera y terminas con un cerdo agridulce.

¿En qué se parece un hombre a un columpio?
En que al principio divierte, pero al final marea.

***

Si pudimos enviar un hombre a la luna...
¿Por qué no enviarlos a todos?

***

¿Por qué sólo el 10% de los hombres llegan al cielo?
Porque si fueran todos, sería el infierno.

***

¿Por qué a los hombres les gustan tanto los autos y las motos?
Porque son lo único que pueden manejar.

***

¿Por qué existe el machismo?
Porque de ilusiones también se vive.

Diccionario

BAILAR: Es la frustración vertical de un deseo horizontal.

CEREBRO: Órgano que sirve para que pensemos que pensamos.

BOY SCOUT: Un niño vestido de estúpido comandado por un verdadero estúpido vestido de niño.

DOLOR DE CABEZA: Anticonceptivo más usado por la mujer de estos tiempos.

EXAMEN ORAL: Prueba para conseguir una beca en la Casa Blanca.

BUSTO: Estatua de un hombre sin manos, o parte de las mujeres donde están las manos del hombre.

CANDIDATO: Persona que obtiene dinero de los ricos y votos de los pobres para protegerlos a unos de los otros.

CONFIANZA: Vía libre que se le da a una persona para que cometa una serie de abusos.

DIPLOMACIA: Arte de decir "lindo perrito", hasta encontrar una piedra para tirársela.

HÉROE: Individuo que, a diferencia del resto, no pudo salir corriendo.

HOMBRE: Ser masculino que durante sus primeros nueve meses de vida quiere salir de un lugar al que intenta entrar el resto de su vida.

INDIFERENCIA: Actitud que adopta una mujer hacia un hombre que no le interesa, quien es interpretada por el hombre como "se está haciendo la difícil".

MODESTIA: Reconocer que uno es perfecto, pero sin decírselo a nadie.

SUPERMODELOS: Evidencia de que todos los demás estamos mal hechos.

¿Se han preguntado...?

¿Alguna vez se han preguntado porqué A, B, C, D, E y F son las letras usadas para las tallas de sostenes?

Bueno, pues nuestro equipo de investigación no descansó hasta obtener respuesta a dicha interrogante. A continuación los resultados:

Aquí les va la respuesta...
A: Algo de Senos
B: Buenos o casi Buenos
C: ¡Caramba que tetas!
D: Doble pechuga
E: ¡Enormes!
F: ¡Falsos!

Investigación

Una manada de búfalos sólo se puede mover tan rápido como se mueve el búfalo más lento, y cuando la manada es cazada, son los búfalos más lentos y débiles que están al final de la manada los que mueren primero.

Esta es una selección natural buena para la manada como un todo, dado que la velocidad general y la salud del conjunto mejora por la muerte regular de sus miembros más débiles.

Del mismo modo, el cerebro humano puede operar tan rápido como su neurona más lenta. El consumo excesivo de alcohol, como todos conocemos, destruye las neuronas, pero naturalmente ataca a las neuronas más lentas y débiles en primer lugar.

En este sentido, el consumo regular de cerveza elimina las neuronas más débiles, haciendo constantemente del cerebro una máquina más rápida y eficiente.

El resultado de este profundo estudio neurológico verifica y valida la relación causal entre las juergas de fin de semana y el rendimiento de los maestros, médicos, economistas, consultores, matemáticos, ingenieros, contadores, administradores, abogados, reformadores, etc.

Asimismo, explica el por qué, pocos años después de acabada la universidad y contraído matrimonio, la mayoría de los profesionales no pueden mantener los niveles de rendimiento de los recién salidos de las universidades.

Sólo aquellos pocos que persisten en el estricto régimen de voraz consumo alcohólico pueden mantener los niveles intelectuales que obtuvieron durante sus años de estudiantes universitarios.

Por todo ello, esto es un llamado a las armas. Mientras nuestro país esta perdiendo su potencial intelectual nosotros no podemos quedarnos en casa ¡sin hacer nada!

¡Vayamos a las cantinas! ¡Juguemos dominó! ¡Bebamos litros y litros!

Tu gobierno, tu empresa y tu país necesitan que estés al máximo, sin límites a tu potencial creativo e intelectual. Sé todo lo que puedes ser. ¡Ánimo y chupa!

PD: No te quedes con esta información, compártela con todas las personas que aprecias. Así estarías colaborando para construir un país mejor.

Importante decisión

Estás al volante de tu coche y circulas a velocidad constante. A tu izquierda hay un precipicio.

A tu derecha un camión de bomberos que circula exactamente a la misma velocidad que tú.

Delante de ti va un cerdo que es más grande que tu coche.

Detrás de ti sigue un helicóptero a ras del suelo, los dos últimos a la misma velocidad que tú.

¿Qué haces para pararte? Piénsalo.

La respuesta: ¡Pues bájate del carrusel, que ya no tienes edad para esas chingaderas!

La dicisión correcta

Tras casi un año de salir con mi novia, el próximo mes pasaré por la vicaría, ¡me caso con ella! La madre de mi novia o futura suegra ¡es genial! (además de estar muy buena). Ella solita se ha ocupado de organizar toda la boda: iglesia, música, fotógrafo, banquete, flores, etc.

Hace poco me llamó y pidió que viniera a casa para revisar la lista de invitados y anular algunos de los de mi familia, pues estaba superando nuestras previsiones.

Cuando llegué, revisamos la lista y la rebajamos justo por debajo de los ciento cincuenta invitados. Fue entonces cuando mi suegra me dejó boquiabierto...

Me dijo que siempre le había resultado un hombre muy atractivo, que dentro de un mes ya sería un hombre casado y que antes de que ello ocurriera, quería tener sexo salvaje conmigo. Entonces se levantó, caminó sensualmente hacia el dormitorio y me susurró que sabía dónde estaba la puerta de salida, si lo que quería era marcharme.

Me quedé de pie, frío, inmóvil, aproximadamente unos tres minutos y finalmente decidí que sabía perfectamente qué camino tomar...

Me dirigí corriendo a la puerta, salí a la calle y fuera, apoyándose en mi coche estaba su marido sonriente.

Creo recordar que me explicó que únicamente querían estar seguros de que su querida hija se casaba con el hombre adecuado y se les ocurrió esta pequeña prueba que había superado con éxito.

Me dio la mano y después me abrazó sin yo poder reaccionar ni hablar aún aturdido por las emociones.

Lo único que recuerdo es que "sólo iba al coche a buscar un condón".

Buen doctor

Un hombre va al médico para que lo examinen por un extraño bulto que le salió en medio de la frente; el médico lo examina y después de una semana de exámenes, pruebas y más pruebas, lo llama para darle los resultados.

-"Bueno, aquí tengo los resultados de sus análisis".

-"¿Tengo algo malo doctor?"

-"Mire, al principio no sabía qué era lo que usted tenía, pero después de consultarlo con varios colegas hemos llegado a la conclusión de que lo que está creciendo en su frente es un pene".

-"¡Un pene!, ¿y cómo demonios llego ahí?"

-"No sé cómo, pero sí sé que va a seguir creciendo".

-"¿Y se puede extirpar doctor?"

-"No, porque produciría mucho daño a su cerebro".

-"¿Y qué debo hacer?"

-"Bueno, esto es lo que tiene que hacer. ¿A usted le gusta leer?"

-"Sí, me gusta leer".

-"Entonces lea, lea mucho, lea lo que se le cruce, lea en cuanto tenga tiempo. ¿Le gusta ver la T.V.?"

-"Sí, también me gusta mucho ver T.V.".

-"Entonces también haga eso, vea mucha televisión, disfrute de todo lo que pueda con la televisión y la lectura. También le diría que salga a pasear, visite muchos lugares, disfrute todo lo que pueda ser visto".

-"¿Y usted me asegura que haciendo todo eso me voy a curar?"

-"No, no es para que se cure, le digo que haga todo eso porque cuando le crezcan los huevos no va a poder ver un carajo".

El regalo de Navidad de Pepito

Era Nochebuena y Pepito dormía cómodamente en su camita. En eso entra por la puerta ¡Santa Claus! Pepito despierta y grita:

-"¡Santa! ¡Qué bueno!"

-"¡Jo, Jo, Jo! Hola Pepito, vine a darte el regalo que me pediste".

Vuelve a la puerta del cuarto y hace un llamado:

-"Luci, dale su regalo".

En eso entra Lucifer, señor de las tinieblas ¡con zapatos de casquillo! Y sin decir agua va, le da una patada a Pepito en la entrepierna que lo hace volar dos metros, aterrizar en su cama, rebotar con la pared y terminar en el suelo. Después de diez minutos, Pepito logra decir con voz entrecortada a Santa Claus:

-"¿P... por q... qué?"

Y Santa le responde:

-"Sabía que lo preguntarías, así que traje tu cartita para responderte".

Saca entonces la carta que Pepito le mandó a Santa Claus y lee:

-"Querido Santa, sé que no me he portado bien este año, pero ¡me vale! Aún así yo quiero un patín del diablo, ¡Por mis huevos!"

Moraleja: Ten cuidado con lo que pides porque se te puede conceder

Frases célebres acerca de las mujeres

Escoge a una mujer de la cual puedas decir: hubiera podido escogerla más bella, pero no mejor. *Pitágoras.*

A la mujer hay que amarla, no comprenderla. Eso es lo primero que hay que entender. *Osho.*

***

A las mujeres les gustan los hombres desesperados; si no los encuentran, los hacen. *Leon Daudi.*

***

Si las mujeres no existieran, el dinero no tendría ningún sentido. *Aristóteles Onassis.*

***

Crecí besando libros y pan... Desde que besé a una mujer, mis actividades con el pan y los libros perdieron interés. *Salman Rushdie.*

***

Quien sabe gobernar a una mujer, sabe gobernar un Estado. *Honore de Balzac.*

***

Me gusta contemplar a los hombres geniales y escuchar a las mujeres hermosas. *Oscar Wilde.*

***

En ningun momento he dudado que las mujeres son tontas. Al fin y al cabo el Todopoderoso las creó a imagen y semejanza de los hombres. *George Eliot.*

***

La fuerza hidráulica más poderosa del universo, es la lágrima de una mujer. *Carlos Fisas.*

***

Compórtate con tu mujer como te comportarías con la de otro. *J.Giraudoux.*

***

En cuanto se concede a la mujer la igualdad con el hombre, se vuelve superior a él. *Margaret Thatcher.*

***

Las batallas contra las mujeres son las únicas que se ganan huyendo. *Napoleón Bonaparte.*

***

Hay tres cosas que jamás he podido entender: el flujo y reflujo de las mareas, el mecanismo social y la lógica femenina. *Jean Cocteau.*

***

Ninguna mujer se ha perdido sin la ayuda de un hombre. *A. Lincoln.*

En el avión

Se encontraba un hombre viajando en un avión de última generación muy apurado por ir al baño, así que se dirigió al de caballeros, pero estaba ocupado. Entonces, dirigiéndose a la azafata, le pidió permiso para usar el de mujeres, que en ese momento extrañamente estaba libre. La azafata le respondió que no había inconveniente, siempre y cuando tuviese cuidado de no salpicar la tabla del inodoro y de no tocar ninguno de los siguientes botones: SLA, SSA, STA y RAT.

Así fue que el valiente protagonista, después de aliviarse haciendo pis a discreción, sintió una enorme e irresistible curiosidad por saber la función de los famosos 4 botones. Al fin, se sentó con cuidado en el inodoro y apretó el primer botón que tenía un rótulo que decía "SLA" (Sistema de Limpieza Automática).

Sintió un chorro de agua tibia en sus partes íntimas y pensó:

-"Es una delicia este baño, ahora comprendo porque las mujeres se pasan aquí horas enteras".

Luego oprimió el botón que decía "SSA" (Sistema de Secado Automático) y sintió un chorro de aire calentito, dirigido también al mismo lugar. ¡No lo podía creer!

Acto seguido, acciono el siguiente botón "STA" (Sistema de Talco Automático), sintiendo que llegaba a su cuerpo la caricia de una nube de talco. Aquello estaba alcanzando alturas insospechadas, por lo que apretó el último botón y... cuando se despertó, no sabía dónde estaba, ni qué hora era, ni cómo había llegado hasta allí. Se le acercó una enfermera muy amable, que le explicó que estaba en un hospital, que había llegado hacía dos días en estado de "shock traumático" y que habían conseguido, luego de arduo trabajo, normalizar sus signos vitales. Y entonces él pregunto:

-"¿El avión tuvo un accidente?"

-"No señor, aterrizó normalmente en su destino".

-"¿Qué es lo que ocurrió entonces?"

-"Usted presiono el botón RAT (Retiro Automático de Tampones) en el baño de mujeres. Debajo de su almohada le dejamos su pene. Que tenga un buen día, señor".

Chiste en inglés

Three men, an Italian, a French and a Mexican went for a job interview in England. Before the interview, they were told that they must compose a sentence in English with three main words: green, pink and yellow. The Italian was first:

-"I wake up in the morning. I see the yellow sun. I see the green grass and I think to myself, I hope it will be a pink day".

The French was next:

-"I wake up in the morning, I eat a yellow banana, a green pepper and in the evening I watch the pink panther on TV".

Last was the Mexican:

-"I wake up in the morning, I hear the phone 'green... green...', I 'pink' up the phone and I say 'Yellow?'"...

El ingeniero y el gerente

Un hombre camina por la calle de un pequeño pueblo, cuando de pronto se da cuenta que encima de él hay un globo aerostático flotando. De ese globo cuelga una canasta, y en esa canasta hay un señor que le hace señas desesperado. Con curiosidad, se aproxima lo más que puede y escucha con atención. Al fin, el piloto del globo logra que el aparato descienda un poco y le grita:

-"Disculpe ¿podría ayudarme? Prometí a un amigo que me encontraría con él a las dos de la tarde, pero ya son las dos y treinta, y no sé dónde estoy".

El amable transeúnte, con mucha cortesía le responde:

-"¡Claro que puedo ayudarle! Usted se encuentra en un globo de aire caliente, flotando a unos veinte metros encima de esta calle. Está a cuarenta grados de Latitud Norte y a cincuenta y ocho grados de Longitud Oeste".

El aeronauta escucha con atención, y después le pregunta con una sonrisa:

-"Amigo... ¿es usted ingeniero?"

-"Sí señor, para servirle, pero ¿cómo lo supo?"

-"Porque todo lo que usted me ha dicho es técnicamente correcto, pero esa información no me sirve de nada, y sigo perdido".

El ingeniero se queda callado a su vez, y al final le pregunta al del globo:

-"¿Usted no será, por casualidad, gerente?"

-"Sí, soy gerente de una empresa. ¿Cómo lo ha averiguado?"

-"Ah! Muy fácil: Mire, usted no sabe ni dónde está, ni para dónde va. Hizo una promesa que no tiene ni idea de cómo cumplir, y espera que otro le resuelva el problema. Está exactamente tan perdido como antes de preguntarme. Pero ahora, por algún extraño motivo, resulta que la culpa es mía".

El juego

Llega un borracho a su casa y se pone a tocar como loco:

-"Ábreme... ábreme".

De repente sale su esposa muy molesta y le empieza a decir:

-"Mira nomás, qué ejemplo le das a tus hijos, es la tercera vez en una semana..."

Y el borracho le dice:

-"Ándale mujer, déjame entrar y te enseño un juego".

La mujer, intrigada, lo deja entrar y le pregunta entre regaños cuál es el juego, a lo que el borracho responde:

-"Mira, se llama el exorcista, tú me sermoneas y yo ¡te vomito!"

Donación de órganos

Ahora que esta de moda la donación de órganos, pongan atención a la siguiente situación:

Yo me propongo al morir
ciertos órganos donar,
que a enfermos sin porvenir
puedan sus vidas salvar.

Que mis ojos sigan viendo
la belleza de la aurora,
y así seguiré viviendo
cuando me llegue la hora.

Si necesitan riñones
tengo un par en buen estado
y dos potentes pulmones,
porque yo nunca he fumado.

Mi corazón donaré
y que otro siga viviendo.
Yo, por lo mucho que amé,
quiero que siga latiendo.
Para un gran necesitado
mi "cosa" será donada.
Que la use sin cuidado
que está bien acostumbrada.

Que la ponga a fornicar
y ningún "palo" rehúse,
ella no se va a gastar
por más que se lave y use.

Me reservo lengua y boca
porque soy conservador,
sería triste si le toca
a algún puto mamador.

Y no las voy a donar
pues no sé qué sentiría,
si alguien se pone a mamar
con la lengua y boca mías.

El culo, ¡ni mencionarlo!
Pues corre un riesgo mayor.
No me propongo donarlo...
pensarlo me da terror.

¿Qué pasa si un cirujano,
con una mala intención
se decide a trasplantarlo
a un paciente maricón?

Pues es un hecho bien cierto,
lo digo sin vanidad:
¡Qué triste, ya estando muerto
perder la virginidad!

La perspectiva me aterra,
lo digo sin disimulo.
¡Tanto cuidarlo en la tierra,
y ya muerto... dando el culo!

La escuela

Es el primer día de clases en USA, y la maestra presenta a Suzuki, hijo de un importante empresario japonés, a sus compañeros de sexto grado. La maestra les dice:

-"Empecemos repasando un poco de historia americana. ¿Quién dijo 'Denme la libertad o denme la muerte'?"

La clase se quedó callada, excepto por Suzuki:

-"Lo dijo Patrick Henry, 1775".

-"¡Muy Bien! ¿Quién dijo 'el gobierno del

pueblo, para el pueblo no debe desaparecer de la faz de la tierra'?"

De nuevo, ninguna respuesta de la clase, salvo Suzuki:

-"Abraham Lincoln, 1863".

La maestra, asombrada, les dice:

-"Niños, debería darles vergüenza. Suzuki, que es nuevo en nuestro país, sabe más de nuestra historia que ustedes".

La maestra alcanza a escuchar un susurro:

-"¡Chinguen a su madre los putos japoneses!"

-"¿Quién dijo eso?", preguntó la maestra. Y nuevamente Suzuki levanta su mano y dice:

-"General Mc Arthur, 1942 y Lee Iacocca, 1982".

La clase queda muda y uno de los chicos alcanza a decir:

-"Voy a vomitar".

La maestra trata de ver quién fue el irrespetuoso:

-"Ya está bien, ¿quién dijo eso?"

Y Suzuki dice:

-"George Bush (padre) al Primer ministro japonés, 1991".

Uno de los alumnos, furioso, le grita desde el fondo:

-"¡Chúpame ésta!"

Suzuki, casi saltando en su silla, le dice a la maestra:

-"Bill Clinton a Mónica Lewinsky, 1997".

La clase entra completamente en un estado de histeria. La maestra se desmaya. Cunde el caos. Mientras los alumnos se arremolinan alrededor de la desvanecida maestra, uno de ellos exclama:

-"¡Qué pinche desmadre es este, a mi no me echen la culpa…!"

Y Suzuki responde alzando la mano:

-"Vicente Fox, 28 de octubre 2002".

Uno de judíos

Isaac se va a un hotel con una amante. Nuestro amigo judío, como mandan las normas, discute el precio con el encargado del hotel:

-"¿Cuánto sale la noche?"

-"30 pesos con desayuno".

-"Bueno, me quedo una noche".

Al otro día, Isaac va a pagar la cuenta y dice al encargado:

-"¿Cuánto sale el desayuno?"

-"3 pesos señor".

-"Bueno, toma 27 pesos, yo no desayuné, así que quiero descuento".

-"Perdón señor, son 30 pesos y no tengo la culpa si no tomó el desayuno; estaba a su disposición ¡y si no lo tomó es su problema!"

-"Bueno, está bien. Entonces me debes 23 pesos", responde Isaac.

-"¡Usted está loco! ¿Cómo que le debo yo?"

-"Saca la cuenta, tú me cobras 30, yo me descuento el desayuno y te debo 27, y Rebeca, la chica que me acompaña, cobra 50 la noche por uno completo".

-"Perdón señor, ¡pero yo no solicité los servicios de Rebeca!"

-"Bueno, Rebeca estaba a su disposición, ¡y si no la tomaste es problema tuyo!"

Chica adolescente

Una adolescente de catorce años va con su mamá y le dice que desde hace un par de meses no tiene el periodo. Preocupadísima, la mamá compra en la farmacia una prueba de embarazo y el resultado da positivo. Gritos, imprecaciones, lamentos, lágrimas...

-"¿Quién ha sido el cerdo?, ¡quiero saberlo!, ¡ahora se lo dices a tu padre!"

La chica, una vez a solas, toma el teléfono y hace una llamada. Media hora después se detiene ante la casa un Ferrari último modelo, del que sale un tipo maduro y distinguido, de pelo entrecano, vestido impecablemente con un elegante traje que se adivina carísimo. Toma asiento en el salón ante el padre, la madre y la hija y dice:

-"Buenos días. Su hija me ha informado del problema. Sin embargo, yo no puedo casarme con ella porque tengo otra situación familiar, aunque me haré cargo. Si nace una niña, le puedo legar 3 tiendas, 2 apartamentos, una villa en el mar y una cuenta de 500 mil dólares. Si nace un niño, el legado será un par de fábricas, además de los 500 mil dólares. Y si nacen gemelos, una fábrica y 250 mil dólares para cada uno. En cambio, si pierde el embarazo..."

En ese momento el padre, que había permanecido callado todo el tiempo, se levanta, le apoya una mano en el hombro al elegante caballero y le dice:

-"¡Te la coges de nuevo!"

El wiwichu

Una hermosa noche de diciembre, allá en La Habana, Cuba, estaba una pareja de enamorados mirando el mar, muy acaramelados en el malecón, cuando de repente, el muchacho le dice a ella:

-"Chica, mi amor, ¡déjame tocarte el wiwichu!"

-"¡Estás loco, mi negro!, ¿cómo crees, si no es tiempo todavía?"

-"Anda chica, ¿qué no ves que es el tiempo perfecto?, ¡déjame tocarte el wiwichu!"

-"¡No, que no quiero!"

-"Anda mi mulata, es ahora o nunca, deja que te toque el wiwichu..."

-"Bueno, mi negro, sólo porque te quiero mucho..."

Entonces el negro agarra su guitarra, la mira profundamente a los ojos y prosigue:

-"¡Wiwichu a merry crismas, wiwichu a merry crismas, wiwichu a merry crismas, and a japy niu yirrrr!

Grandes verdades que han aprendido los niños

1) No importa cuánto lo intentes, no puedes bautizar a un gato.

2) Cuando tu mamá está enojada con tu papá, no la dejes que te peine.

3) Si tu hermano(a) te pega, no se lo regreses. Siempre cachan a la segunda persona.

4) Nunca le pidas a tu hermano de 3 años que sostenga un tomate.

5) No puedes confiar que un perro cuide tu comida.

6) No estornudes cuando alguien está cortándote el pelo.

7) Nunca sostengas un gato y una aspiradora al mismo tiempo.

8) No puedes esconder tus verduras en un vaso de leche.

9) No te pongas calzones de colores con pantalón blanco.

10) El mejor lugar cuando estés triste es el regazo de tu abuela.

Grandes verdades que han aprendido los adultos

1) Criar adolescentes es como clavar gelatina en un árbol.
2) Las arrugas no duelen.
3) Las familias son como rebaños... casi siempre juntos, con alguna oveja negra.
4) La risa es buen ejercicio. Es como trotar por dentro.
5) Edad madura es cuando escoges el cereal por la fibra, no por los juguetes.

Grandes verdades de envejecer

1) Envejecer es obligatorio, madurar es opcional.
2) Olvídate de comidas saludables, necesito todo lo que me pueda preservar.

3) Cuando te caes, te preguntas qué más puedes hacer ya que estas ahí abajo.

4) Estás envejeciendo cuando sientes la misma sensación en una mecedora que cuando te subías a la Montaña Rusa.

5) Es frustrante cuando sabes todas las respuestas, pero nadie se molesta en hacerte las preguntas.

6) El tiempo será un buen sanador, pero de belleza no sabe nada.

7) La sabiduría llega con la edad, pero muchas veces la edad llega sola.

Las cuatro etapas de la vida

1) Crees en Los Reyes Magos.
2) No crees en Los Reyes Magos.
3) Tú eres uno de Los Reyes Magos.
4) Te ves como uno de Los Reyes Magos.

¡Cuidado con las mujeres!

Once personas se aferraban a una misma cuerda que colgaba de un helicóptero, diez hombres y una mujer.

La cuerda no era suficientemente gruesa como para soportar el peso de todos, por lo que decidieron que una persona debía soltarse. De otro modo, todos caerían.

No lograban elegir quién sería esa persona, pero entonces la mujer, con voz firme, anunció que se ofrecía voluntariamente para soltarse de la cuerda. Después de todo, dijo, que estaba acostumbrada a relegar sus intereses propios, ya que como madre siempre daba prioridad a los hijos; como esposa, anteponía los intereses de su marido a los propios, como hija se doblegaba ante su padre, como profesional permitía que sus jefes obtuvieran el crédito por sus logros.

Como mujer, dijo alzando la mirada hacia el infinito y poniéndose una mano sobre el corazón, su misión en la vida era sacrificarse por los demás, sin esperar nada a cambio.

Eufóricos de emoción y orgullo, los hombres, como siempre tan pendejos, rompieron en aplausos...

Teléfono

-"Hola mamá, ¿te puedo dejar los chicos esta noche?"

-"¿Vas a salir?"

-"Sí"

-"¿Con quién?"

-"Con un amigo".

-"Yo no sé por qué te separaste de tu marido, es un hombre tan bueno".

-"Yo no me separé, él se separó de mí".

-"Tú dejaste que se separara y ahora andas por ahí con cualquiera".

-"No ando con cualquiera, ¿te puedo dejar a los chicos?"

-"Yo jamás los dejé a ustedes para salir con alguien que no fuera tu padre".

-"Hay muchas cosas que tú hiciste y yo no hago".

-"¿Qué me quieres decir?"
-"Nada, sólo quiero saber si te puedo dejar los chicos".
-"¿Vas a quedarte a dormir con el otro? ¡Qué diría tu marido si se enterara!"
-"¡Mi ex marido! No creo que a él le preocupe, desde que nos separamos no debe haber dormido una sola noche solo".
-"Entonces te vas a quedar a dormir con ese vago".
-"¡No es un vago!"
-"Un hombre que sale con una divorciada con hijos es un vago y un vividor".
-"No quiero discutir, ¿te llevo los chicos o no?"
-"¡Pobres criaturas con una madre así!"
-"¿Así cómo?"
-"¡Con pajaritos en la cabeza, por eso te dejó tu marido!"
-"¡Basta!"
-"Encima me gritas, seguramente a ese vago con el que sales también le gritas".
-"¿Ahora te preocupa el vago?"
-"¿Viste que es un vago? Yo me di cuenta enseguidita".

-"¡Adiós!"

-"Espera, no cuelgues, ¿a qué hora me traes a los chicos?"

-"No los voy a llevar, no voy a salir".

-"Si no sales nunca, ¿cómo piensas rehacer tu vida?"

No es por incomodar, pero a más de 20 personas que están leyendo esto... ¿Acaso no les suena familiar? ¿No se acordaron de "alguien" en especial? Yo, la verdad, sí...

25 síntomas de madurez

1. Tus plantas en casa están vivas, y no te puedes fumar ninguna.
2. Tener relaciones en una cama individual es incómodo.
3. Hay más comida que cerveza en el refri.
4. 6:00 a.m. es hora de levantarse, no de llegar
5. Escuchas tu canción favorita en el elevador.
6. Antes de salir checas el "Weather Channel".

7. Tus amigos se casan y se divorcian en lugar de "andar y romper".

8. Tus vacaciones van de 130 días a 14.

9. Mezclilla y suéter ya no se consideran como "ropa de vestir".

10. Ahora eres tú quien llama a la policía porque esos malditos muchachos no bajan el volumen del estéreo.

11. Tus parientes mayores ahora sí cuentan chistes de sexo frente a ti.

12. Ignoras a qué hora cierran los tacos de la esquina.

13. El seguro de tu auto cubre cada vez menos y cuesta cada vez más.

14. Das a tu perro comida para perros en lugar de la pizza que sobró.

15. Dormir en el sillón hace que te duela la espalda.

16. Ya no duermes tus siestas de 1 a 6 de la tarde.

17. Cena y cine es una cita en lugar de sólo ser el inicio de una.

18. Comerte unos tacos a las 3 a.m. lastimará seriamente tu estómago en lugar de tranquilizarlo.

19. Vas a la farmacia por antiácidos y aspirinas en lugar de condones y pruebas de embarazo.

20. Una botella de ron de $50 ya no es "una gran oferta".

21. En verdad consumes alimentos apropiados a la hora del desayuno.

22. "Ya no aguanto tanto" sustituye "no vuelvo a tomar así".

23. 90% del tiempo frente a la computadora es en verdad trabajo.

24. Ya no empiezas a beber en casa para ahorrar dinero antes de ir al bar.

25. Lees esta lista buscando desesperadamente algo que no vaya contigo.

Dichosos políticos

El presidente Vicente Fox, en visita oficial a Estados Unidos, es invitado por el presidente Bush a tomar el té. Durante el encuentro, Fox pregunta cuál es su filosofía de liderazgo y Bush contesta que es rodearse de personas inteligentes. Entonces Fox le pregunta:

—"¿Cómo sabe si son inteligentes o no?"

—"Lo capto de inmediato, haciendo la pregunta adecuada", contesta Bush. "Deje que se lo demuestre".

Bush toma el teléfono, llama a Collin Powel y le dice:

—"Señor Secretario de Estado, le ruego que conteste a la siguiente pregunta: Su madre tiene un hijo, su padre tiene un hijo y este niño no es ni su hermano ni su hermana. ¿Quién es?"

Collin Powel contesta de inmediato:

—"¡Obviamente, soy yo señor presidente!"

—"¡Correcto! Gracias Señor Powel", dice Bush y cuelga el teléfono.

—"¿Ha entendido, Fox?"

—"Claro... Claro... Muchísimas gracias. ¡Sin duda haré lo mismo!"

De vuelta a México, Fox decide hacer la prueba con el Jefe de Gobierno del DF. Le pide que vaya a verlo a Los Pinos por una cuestión urgente y le pregunta:

—"A ver Andrés si me puedes contestar esta pregunta".

—"¡Claro, Jeñor Prejidente! ¿Qué dejea jaber?"

-"Su madre tiene un hijo, su padre también y este niño no es ni su hermano ni su hermana. ¿Quién es?"

López Obrador, un poco confundido contesta que le gustaría pensarlo bien para dar una respuesta apropiada. Al salir de Los Pinos, en el pánico total, organiza una reunión con todos los demás del gobierno del DF para analizar la pregunta.

Después de varias horas, sin poder encontrar ninguno de ellos la respuesta correcta, sale de la reunión con un gran estrés y se encuentra con el gobernador del Estado de México, Arturo Montiel (Montiel suele aparecerse por todos lados).

-"Ejcuche Arturo, una preguntita fájil".

-"Sí, dígame Andrés".

-"Ju madre tiene un hijo, Ju padre tiene un hijo y ejte niño no ej ni ju hermano ni ju hermana. ¿Quién ej?"

-"Arturo lo piensa, consulta a su grupo de asesores y después contesta:

-"¡Pues, soy yo!"

Sumamente tranquilizado, López Obrador llama rápido al Presidente Fox y le dice:

-"Jeñor Prejidente, ¡ya lo jé! ¡Ej Arturo Montiel!"

Y Fox, contesta:

-"¡No, pendejo!… Es Collin Powel".

Sobrepeso

La importante cadena de Kellogg´s internacional recomienda una nueva dieta que es un tiro, la cual te garantiza rebajar hasta 5 Kg. a la semana sin mucho esfuerzo.

He conocido personas que la han hecho y les ha ido muy bien, aparte de que están muy satisfechas.

Día 1: Kellomames.
Día 2: Kellochupes.
Día 3: Kellometas.
Día 4: Kellobeses.
Día 5: Kellolamas.
Día 6: Kellomuerdas.
Día 7: Kellodisfrutes.

Cerveza mágica

Llega una mujer a un bar y se encuentra a un tipo bastante atractivo en la barra, se le acerca y le pregunta:

-"¿Qué estás tomando?"

-"Cerveza Mágica", le contesta.

Ella cree que está loco y se va a dar una vuelta en el bar, pero 20 minutos después de ver que no hay nada mejor, decide regresar a platicar con él.

-"Esa no es realmente Cerveza Mágica, ¿o si?"

-"Sí, te enseñare".

Entonces le da un trago a la cerveza, brinca por la ventana y volando le da 3 vueltas al edificio y regresa por la ventana. La mujer no puede creerlo y le dice:

-"Apuesto que no lo puedes repetir". Entonces el da otro trago, de nuevo salta por la ventana y da 3 vueltas alrededor del edificio y vuelve a regresar. Ella está tan sorprendida que le dice que quiere probar esa Cerveza Mágica.

-"Dale un trago a lo que estoy tomando".

Entonces ella da un trago a su cerveza, salta por la ventana y se desploma los 30 pisos del edificio, rompiéndose toda la madre... Entonces el cantinero voltea hacia el tipo y le dice:

-"No mames, pinche Superman... ¡Eres de lo peor cuando te pones pedo!"

Funeral

Un pobre hombre enfermo estaba acostado en su cama, le quedaban pocas horas de vida, de repente huele el aroma de los tamales recién hechos, calientitos, siendo que para él no había nada mejor en el mundo que los tamales de su mujer Chepa.

Haciendo un esfuerzo sobrehumano, baja las escaleras y dirigiéndose al comedor, empieza a percibir el vapor que lleva el aroma a masa de maíz, carne de puerco y de pollo que desde la cocina emanaba.

Llega hasta la mesa de madera donde se encontraban extendidos los suculentos tamales y toma uno, viendo que sus esfuerzos habían valido la pena, cuando repentinamente siente un madrazo en la cabeza que merma sus facultades y lo hace presa de la debilidad en sus piernas.

Tratando de no desplomarse al suelo hace por voltear la vista, alcanzando a ver a su mujer con un cucharón de hierro en la mano, diciéndole:

—"¡Ni se te ocurra viejo pendejo, son para el funeral!"

Comunicado de la dirección

Señores y señoritas: Les transmito el último comunicado que ha emitido el Departamento de Capital Humano.

Espero lo tomen en consideración. La Dirección se ha percatado del soez lenguaje que emplean algunos de los trabajadores durante sus conversaciones entre compañeros.

Debido a los reclamos recibidos de parte de empleados que se han sentido fuertemente ofendidos, de ahora en adelante queda estrictamente prohibido el uso de las siguientes expresiones, y por consiguiente, se ha dispuesto un listado de frases sugeridas de modo que el adecuado intercambio de ideas e información, pueda continuar desarrollándose de manera efectiva y sin riesgo de ofender a nuestros empleados mas sensibles:

INTENTE DECIR: "Estoy absolutamente seguro de que esto no es factible".
EN VEZ DE: "No mames guey".
INTENTE DECIR: "¿En serio?"
EN VEZ DE: "¿Neta?"
INTENTE DECIR: "Yo no estuve a cargo de ese proyecto".
EN VEZ DE: "Eso no fue mi pedo".
INTENTE DECIR: "No estoy seguro de que esto pueda ser implementado".
EN VEZ DE: "Esto no sale ni a madrazos".
INTENTE DECIR: "Voy a ver cómo puedo programar eso en mi agenda".
EN VEZ DE: "¿Por qué chingados no hablaste antes?"
INTENTE DECIR: "Él no esta familiarizado con el tema".
EN VEZ DE: "Ese pendejo no sabe ni madres".

INTENTE DECIR: "Estoy con sobrecarga de trabajo en estos momentos".

EN VEZ DE: "Tengo un chingo de trabajo".

INTENTE DECIR: "¿Puedes, por favor, buscar otra persona que te ayude?"

EN VEZ DE: "No chingues, búscate otro pendejo".

INTENTE DECIR: "En este momento no puedo atenderte".

EN VEZ DE: "Fuera cabrón".

El uso repetitivo de las frases antes mencionadas como prohibidas acarreará la aplicación de sanciones inmediatas.

Chistes cortos

¿En qué se parecen los hombres a los cepillos de dientes?

En que sin la pasta no son nada.

***

¿Por qué los hombres se hacen exámenes de heces?
Para saber la clase de mierda que son.

***

¿Por qué los chistes de mujeres siempre ocupan dos líneas?
Para que los entiendan los hombres.

***

¿En qué se parecen los hombres a los autobuses?
En que nunca llega el que una necesita.

***

¿En qué se parecen los hombres a una escoba?
En que sin el palo no sirven para nada.

***

¿Por qué no puede ser un hombre guapo e inteligente a la vez?
Porque sería una mujer.

***

¿Por qué un hombre no se puede suicidar pegándose un tiro en la cabeza?

Porque la bala no encuentra el cerebro.

***

¿En qué se parecen los hombres a los caracoles?

En que tienen cuernos, babean y encima se arrastran. Y por si fuera poco, creen que la casa es suya.

***

¿Por qué no se casan las mujeres?

Porque para 100 gramos de chorizo se tienen que llevar todo el cerdo.

¿Por qué dio Dios una neurona más a los hombres que a los caballos?

Para que no defecaran en los desfiles.

***

¿En qué se parece un hombre a una ficha de parques?

En que come una y cuenta veinte.

***

¿Por qué tienen los hombres un agujero en el rabo?

Para que les llegue oxígeno al cerebro.

***

¿Qué hace un hombre en la cama después de hacer el amor?

Estorbar.

***

¿Por qué las mujeres no saben estacionarse?

Porque durante toda la vida los hombres les han dicho que sus miembros son de 20 centímetros.

¿En qué se parecen los hombres a los pedos? En que te los tiras cuando quieres.

***

¿Cuál es la forma de conseguir que un hombre pase un fin de semana entretenido?

Lo pones en una habitación redonda y le dices que barra las esquinas.

***

¿En qué se diferencian dos camiones, uno lleno de cerdos y otro de hombres?

En la matrícula.

Bromita

Un tipo va al motel con su novia y ve en el estacionamiento el auto de su mejor amigo. Era mediodía y el amigo debería estar trabajando. Para hacerle una broma, le quita un tapón de una de las llantas del coche y se lo lleva. Esa misma noche va a casa de su amigo, toca el timbre y dice:

-"¡Mira lo que tengo!"

-"Sí", le contesta el amigo, "el tapón de la llanta del coche ¿De dónde lo sacaste?"

Bajando sensiblemente el tono de voz el tipo le replica:

-"No te hagas pendejo. ¿Qué hacías hoy al mediodía en el motel?"

El amigo se queda un instante callado, gira hacia adentro de la casa y grita:

-"¡Querida... acá está el tapón que te robaron hoy en el supermercado!"

Mosquitos

Un niño que le grita a su padre:
-"¡Papá los mosquitos no me dejan dormir, me están picando!"
A lo que el padre responde:
-"Bueno hijo, apaga la luz y duerme..."
El niño, obedeciendo a su padre, apaga la luz. Minutos más tarde, el niño se percata de que entra volando en su habitación una luciérnaga y de nueva cuenta le grita a su padre:
-"¡Papá ahora me están buscando con una linterna!"

Matrimonio

Éste era un matrimonio que cada vez que hacían el amor, el marido insistía en que fuera a oscuras, 100% oscuro. Cerraban ventanas, apagaban luces, todo.

Pues bueno, después de 20 años a la mujer se le hacía cada vez más ridículo, así que formuló un plan para quitarle ese mal al marido.

Una noche, durante una sesión salvaje, en medio de gritos y romanticismo carnal, ella encendió las luces repentinamente.

Cuál sería su sorpresa al ver que su marido tenía un consolador más grande que una de verdad, y por si fuera poco, el propio lo tenía completamente caído...

Se volvió loca, se puso histérica, los que habían sido gritos de placer se convirtieron en insultos:

-"¡Pinche bastardo, impotente!", le gritó, "¿Cómo pudiste estarme engañando todos estos años? ¡Desgraciado! ¡Más te vale que me vayas dando una buena explicación!"

El esposo, sin inmutarse, con mucha calma le responde viéndola fijamente a los ojos:

-"Yo te explico lo del juguete, y tú me explicas lo de los niños".

El perro

-"Mariano, parece que quieres más al perro que a mí".

-"Que no, tonta... a los dos los quiero igual".

Pesadilla

Anoche tuve una pesadilla... Una pesadilla terrible... En la pesadilla, cuando me levanto de la cama y me miro en el espejo, descubro... que soy negro, casi morado.

Hecho la chingada meto la mano al bolsillo para ver mi foto en la credencial del IFE y me sale el mismo color. Busco el pasaporte y la foto también es negra y, para colmo, descubro que soy afgano. Señor... no puede ser.

Me siento, hecho polvo, en una silla... Puta madre, pero si es una silla de ruedas. Lo que significa que, además de ser negro y afgano, también soy un discapacitado. ¡¿Qué es esto?! Es imposible, es imposible que yo sea todo esto.

Alguien por atrás me toca y me dice que me calme... Era Tony, mi novio. Lo que me faltaba... también soy homosexual. Y además con SIDA, según dice mi cartilla de salud... Carajo, en medio de toda esta desgracia, busco mi jeringuilla...

¡Señor, no es posible! ¡¿Negro, afgano, discapacitado, homosexual, fármaco dependiente y seropositivo?!

Desesperado, empiezo a llorar, a tirarme del pelo y... ¡No! ¡Sí!... Soy calvo. Suena el teléfono y es mi hermana Paulina que me dice:

-"¡Desde que murieron mamá y papá, lo único que haces es drogarte y quedarte ahí tirado, sin nada que hacer, en todo el día! ¡Búscate cualquier trabajo, el que sea!"

Sí, también soy huérfano y para acabarla de chingar, soy vagabundo.

Intento explicar a mi hermana lo difícil que es encontrar un trabajo, el que sea, cuando se es negro, afgano, discapacitado, puto, drogo, seropositivo, calvo y huérfano, pero no lo consigo, porque... porque también soy mudo.

Trastornado, cuelgo el teléfono con la única mano que tengo... carajo... y con lágrimas en los ojos me acerco a la ventana a mirar el paisaje. Hay montones de patrullas y varias vecindades alrededor, frente a mi ventana hay una barda que dice: "Tepito Ley".

Siento una puñalada en el marcapasos. ¡No mames! ¡Además de negro, afgano, discapacitado, puto, drogadicto, seropositivo, calvo, huérfano, mudo, manco y cardiaco, vivo en Tepito!

En ese momento se me acerca mi novio Tony, quien con lágrimas recorriéndole el rostro me dice con voz aguda y quebrada: "Cariño, hemos perdido... nos quitaron lo invicto". ¡Puta madre...! ¡También soy americanista!

¿En qué se parecen...?

¿En qué se parece el pelo púbico a los chícharos?

En que por más que los apartes, siempre te acabas comiendo uno.

El sapo y la paloma

Había una vez un sapito que se enamoró de una palomita. El sapito se decidió en invitarla a salir, y así se fue a la casa de la palomita para hablar con ella. Al verlo, la palomita no pudo más que arrugar la cara.

-"Palomita, sal conmigo".
-"No".
-"Salgamos, iremos al cine, a comer y después a bailar".
-"No".

-"Por favor, palomita".

-"No".

Tanto le rogó el sapito que ésta decidió decirle que sí, a lo que el sapito le dijo:

-"Está bien, nos vemos en el parque a las 6:00 p.m.".

Llego la hora y el sapito, con su ramo de flores y su caja de chocolates, esperaba ansioso a la palomita, pero dieron las 7 y nada de la paloma; dieron las 8 y nada. De repente empieza a llover y el sapito no se movía, dieron las 10 y nada de la palomita y el sapito debajo de la lluvia. Dieron las 11 y sapito esperando bajo el agua. ¿Cuál es la moraleja?

"Entre más firme la paloma, más se moja el sapo".

Las mujeres feas

Yo me quedo con las feas, porque las mujeres bonitas siempre andan haciendo "caras" por todo y uno tiene que estar preguntándoles cada quince minutos si están de mal genio o si se quieren ir ya para la casa.

Las feas, en cambio, se apuntan a cualquier plan hasta la hora que sea. Son buenísimas para trasnochar y llamar taxi para irse a su casa después de una noche de parranda. Si amanecen con uno, se ofrecen a preparar el desayuno y, muchas veces, hasta dejan los platos lavados.

Las mujeres bonitas tienen complejo de radiador, se la pasan tomando agua todo el día. En los restaurantes piden los platos más simplones –pero los más caros–, y cuando traen la cuenta, se van para el baño.

Las feas en cambio, salen con dinero para colaborar con el trancazo. Y lo más lindo: Son cómplices de las carnitas, el chicharrón guisado, el arroz con mole, la barbacoa y otras delicias que hacen la vida del hombre más hermosa.

Las mujeres agraciadas son malísimas para empujar un vochito en una noche lluviosa. Mientras que una fea es capaz de desarmar un motor con un corta uñas mientras uno les colabora sosteniendo la linterna.

Las feas no ponen problema por nada. Les caen bien a los amigos de uno porque son consideradas un miembro más del equipo. No arrugan la cara cuando echan alguna palabrota y fuman a la par. Y hacen pipí en cualquier baño.

Las bonitas miran el identificador de llamadas antes de contestar, mientras que las feas siempre dicen: "¿Dónde pongo la raya?, ¡qué milagrazo!"

Uno las puede recoger a cualquier hora y arman conversación así uno las llame borracho a las tres de la mañana. Cuando uno tiene una novia bonita, debes tomar cursos de guarura, porque los amigos se la pasan mirándole los pechos y los enemigos tratando de quitártelas.

Las novias bonitas lo agarran a uno de gato para que les carguen el morral de la escuela o esas bolsas llenas de ropa, que uno mismo paga en el centro comercial. Las feas en cambio, lo acompañan a uno de compras (aunque sea en el mercado) y ayudan a subir las bolsas sin pedir ni un jabón a cambio.

Las novias feas jamás lo olvidan a uno y siempre se les puede hacer "repaso". En cambio las bonitas son ingratas, terminan cambiándolo a uno por "cualquiera" con más varo; porque esas, las más ostentosas, con sus transparencias, sus silicones, sus cinturones de piel de culebra, sus carteras enanas, sus pantalones a la cadera, sus gafas de colores y sus botas puntiagudas, están dejando asomar una loba que por ahí tienen bien escondida.

Las bonitas nos ponen nerviosos. Suelen hacer casting a todo el mundo. Nos gastamos por ellas y nos desgastan. Nos ponen de mal genio, nos trasnochan, nos envejecen más rápido.

Las feas, en cambio, aportan, son buena compañía, charlan rico, son bastante caseras, son inmejorables compañeras de trabajo y muchas tienen un excelente sentido del humor, saben hacer mejor el amor, pues no se están cuidando de si la celulitis se nota o si ya engordaron más.

Así que cambio a mil mujeres lindas, de las que salen en esas revistas, por una fea; que a lo mejor no luzca muy bien. Al fin que para cuando quiero despertar la envidia de los demás hombres, basta mostrar el llavero de mi Audi.

En el cielo

Una anciana muere y llega al cielo. En las puertas del mismo se encuentra con San Pedro, y se ponen a conversar. De repente escucha unos gritos espeluznantes.

-"No te preocupes por eso", le dice San Pedro. "Es sólo que están haciéndole los hoyos en la espalda a alguien para ponerle las alas".

La viejecilla se pone un poco nerviosa con esto, pero continúa conversando. Diez minutos más tarde, se escuchan nuevos y escalofriantes gritos.

-"¡Pero, Dios mío!", exclama la viejecilla. "¿Y ahora qué está sucediendo?"

-"No hay nada de qué preocuparse", le contesta San Pedro. "Lo que pasa es que están haciendo las perforaciones que se necesitan para instalar las aureolas".

-"¡Ah, no, eso sí que no!", dice la viejita. "¡No soy capaz de resistir todo esto! Mejor me voy al infierno".

-"¡Pero no puedes hacer eso!", le dice el portero celestial. "¡No te puedes ir al infierno! ¡Allí abusarán de ti y te violarán!"

-"¡Así será, pero para eso ya tengo los hoyos hechos!"

Aznar y Fox...

Sucede en España... en el Palacio Real. Es la cena de celebración del cumpleaños de S.M. el Rey. Asisten a la cena personalidades de la realeza y de la política... Mientras que los invitados se sientan a la mesa, deslumbrados por el lujo de la mesa, Ana Botella (la Sra. de Aznar) le dice a su marido:

-"¡Ay, José Mari, mira qué cubiertos más monos, de oro puro con brillantes y esmeraldas incrustados! ¡Anda, por favor, cógeme uno de recuerdo! Yo tengo que tener uno de esos en mi casa".

-"Pero, Ana, por favor..."

-"¡Ni por favor, ni leches! Tú me coges un cubierto ahora mismo".

-"Bueno, bueno, no te pongas así..."

Entonces, el presidente, disimuladamente, toma un cuchillo y se lo guarda en la bolsa del pantalón. Justo enfrente del matrimonio Aznar, se encontraban al otro lado Vicente Fox y su esposa, quienes vieron la faena. Martita, envidiosa, le dice a su marido:

-"Anda, Chente, cariño, vuélate tú uno para mí".

-"Pero, Martita, por Dios, ¿cómo voy a hacer eso?"

-"Que yo quiero uno; si la Botella va a tener uno, yo también. Y no me discutas".

-"Bueno, lo que tú digas..."

Así que con el mismo disimulo que Aznar, Fox se dispone a coger el cuchillo pero su mano se atonta y el tembleque lo traiciona con tan mala suerte que el cuchillo golpea varias veces una copa... clin, clin, clin, clin, clin... Se hace un silencio, y Fox, azorado, se levanta, y para salir del paso alza la copa y dice:

-"Brindemos por su Majestad, el Rey Don Juan Carlos, porque cumpla muchos años más. ¡Felicidades, Majestad!"

Todos brindan y Fox se sienta, aliviado.

-"De verdad, Vicente, qué torpe eres. Pero yo no me quedo sin mi cuchillo, así que ya te lo vas guardando a ver en dónde".

-"Pero, Martita, cariño, ya ves que no puedo. Déjalo sobre la mesa y ya".

-"¡Que no, que no y no! Que la Botella tiene su cuchillo y yo también quiero uno".

-"¡Uf, de verdad, mira que te pones pesadita! Pero en fin, la verdad es que el cubierto es valioso..."

Así que, otra vez, se dispone a coger el cuchillo, pero nuevamente su mano le traiciona y vuelve a golpear una copa... clin, clin, clin, clin, clin... Una vez más, se hace un silencio sepulcral, por lo que Fox tiene que ponerse de nuevo en pie y dice:

-"Un brindis por su Majestad, la Reina Doña Sofía. ¡Por ser tan buena anfitriona y estar tan guapa! ¡Sofía, guapa!"

Todos brindan y Chente se siente de nuevo aliviado.

-"¡Eres un inútil! ¡No eres capaz de chingarte ni un miserable cuchillo para mí!"

-"Pero es que..."

-"¡Ni es que, ni nada, quiero mi cuchillo y lo quiero hoy, hoy y hoy!"

-"Pero no puede ser, ya ves que mi temblorosa mano no me lo permite..."

-"¿Que no te lo permite? Pues ya te lo puede ir permitiendo, porque como no me consigas el cuchillo ahora mismo, te monto un espectáculo aquí, delante de todo el mundo".

-"No seas méndiga, no se vale, no seas así..."

-"Ni así, ni nada. Ya me lo puedes ir guardando. Y como metas la pata, suelto delante de todos que me divorcio de ti por impotente".

Así que Chente Fox, ante la furia de su mujer, decide volver a intentarlo, pero... clin, clin, clin, clin, clin... Silencio total, sudores fríos recorren su frente. Se pone en pie, y viendo la cara de sargento mal pagado de su esposa dice:

-"Permítanme que les haga un truco de magia" y todo mundo muy atento... "¿Ven este cuchillo que tengo en mi mano? Pues lo voy a desaparecer. Lo introduzco en mi chaqueta, doy unos pases mágicos y... ¡flus, flis, flas...! ¡A ver Aznar, mírate la bolsa de tu pantalón!"

Moraleja

Lancelot era un alto funcionario de la corte del Rey Arturo. Hacía ya algún tiempo que quería disfrutar los voluptuosos senos de la Reina hasta extasiarse. Un día le reveló su deseo secreto a Merlín, el consejero del Rey, y le pidió que lo ayudara. Después de pensarlo bien, Merlín estuvo de acuerdo en ayudarlo a cambio de mil monedas de oro. Lancelot aceptó el precio.

Al día siguiente, Merlín preparó un líquido que causaba comezón y lo derramó en el sostén de la Reina, que había dejado fuera mientras se bañaba. Poco después comenzó la comezón en sus senos, aumentando en tal intensidad a medida que pasaban las horas, dejando al Rey muy preocupado.

En seguida llamaron a Merlín para solicitar su opinión sobre el caso, a lo que el contestó que solamente una saliva muy especial aplicada por un periodo de cuatro horas curaría el mal. Merlín también dijo que afortunadamente esa saliva podría ser encontrada en la boca de Lancelot. El Rey Arturo mandó llamar a Lancelot inmediatamente, quien por las siguientes cuatro horas chupó salvajemente los senos de la Reina. Lamiendo, mordiendo, apretando y manoseando los senos de la Reina... Lancelot hizo su sueño realidad.

Satisfecho, Lancelot se encontró horas más tarde con Merlín. Como la misión de éste estaba cumplida y su libido estaba satisfecho, se rehusó a pagar al consejero y encima se quedó indignado.

Lancelot sabía que naturalmente Merlín nunca podría contar al Rey la verdad. Pero... había subestimado a Merlín. Al día siguiente Merlín, para vengarse, colocó el mismo líquido en los calzoncillos del Rey, quien inmediatamente mando a llamar a Lancelot.

Moraleja: Paga tus deudas.

Atte. MERLÍN.

El Paraíso

Un alemán, un francés, un inglés, y un cubano convergieron en el Museo del Louvre delante de un cuadro de Adán y Eva en el Paraíso.

El alemán, conocedor del tema, comentó a sus acompañantes:

-"Miren qué perfección de cuerpos: ella esbelta y espigada; él con ese cuerpo atlético, los músculos perfilados... deben de ser alemanes".

Inmediatamente el francés reaccionó diciendo a sus compañeros:

-"No lo creo. Es claro el erotismo que se desprende de ambas figuras... ella tan femenina... él tan masculino... saben que pronto llegará la tentación... deben ser franceses".

Moviendo negativamente la cabeza el inglés comentó lo siguiente:

-"Para nada. No han sabido captar... la serenidad de sus rostros, la delicadeza de la pose, la sobriedad del gesto... sólo pueden ser ingleses".

Después de unos segundos más de contemplación, el cubano, que no podía quedarse atrás, exclamó:

-"No estoy de acuerdo. Miren bien: no tienen ropa, no tienen zapatos, no tienen casa, sólo tienen una triste manzana para comer y todavía piensan los muy comemierdas que están en el Paraíso... ¡esos sólo pueden ser cubanos, chico!"

Chistes inocentes

Una pequeña niñita le estaba platicando de las ballenas a su maestra. La profesora dijo que era físicamente imposible que una ballena se tragara a un ser humano porque, aunque era un mamífero muy grande, su garganta era muy pequeña.

La niña afirmó que Jonás había sido tragado por una ballena. Harta y molesta, la profesora le repitió que una ballena no podía tragarse a ningún humano; físicamente era imposible. Entonces la niñita dijo:

-"Cuando llegue al cielo le voy a preguntar a Jonás".

La maestra irónica le preguntó:

-"¿Y qué pasa si Jonás se fue al infierno?"

La niña le contestó:

-"Entonces le toca a usted preguntarle".

***

Una maestra de kinder estaba observando a los niños de su clase mientras dibujaban. De vez en cuando se paseaba por el salón para ver los trabajos de cada niño.

Cuando llegó a donde una niñita trabajaba diligentemente, le preguntó qué estaba dibujando. La niña replicó:
-"Estoy dibujando a Dios".
La maestra se detuvo y dijo:
-"Pero nadie sabe cómo es Dios".
Sin pestañear y sin levantar la vista de su dibujo, la niña contestó:
-"Lo sabrán dentro de un minuto".

***

Una profesora de catecismo estaba discutiendo los Diez Mandamientos con sus pupilos de 5 y 6 años. Después de explicar el mandamiento de "Honrar a tu Padre y Madre", les preguntó:
-"¿Hay algún mandamiento que nos enseñe cómo tratar a nuestros hermanos y hermanas?"
Un muchachito (el mayor de su familia) contestó:
-"No matarás".

***

Una honesta niña de siete años admitió calmadamente a sus papás que Luis Miguel la había besado después de la clase.

-"¿Cómo sucedió eso?", preguntó asombrada su mamá.

-"No fue fácil", admitió la pequeña señorita, "pero tres niñas me ayudaron a agarrarlo".

***

Un día una niñita estaba sentada observando a su mamá lavar los trastes en la cocina. De repente notó que su mamá tenía varios cabellos blancos que sobresalían entre su cabellera oscura. Miró a su mamá y le preguntó inquisitivamente:

-"¿Por qué tienes algunos cabellos blancos, mamá?"

Su mamá contestó:

-"Bueno, cada vez que haces algo malo y me haces llorar o me pones triste, uno de mis cabellos se pone blanco".

La niñita digirió esta revelación por un rato y luego dijo:

-"Mamá, ¿por qué TODOS los cabellos de mi abuelita están blancos?"

***

Un niñito de tres años fue con su papá a ver una camilla de gatitos recién nacidos. De regreso a casa, le informó apresuradamente a su mamá que había dos gatitos y dos gatitas.

-"¿Cómo supiste?", le preguntó su mamá.

-"Papá los levantó y miró por debajo", replicó el niño. "Creo que allí tienen la etiqueta".

***

Todos los niños habían salido en la fotografía y la maestra trataba de persuadirlos para comprar una copia de la fotografía del grupo.

-"Imagínense qué bonito será cuando ya sean grandes todos y digan 'Allí está Catalina, es abogada', o también 'Ese es Miguel. Ahora es doctor'".

De repente, sonó una vocecita desde atrás del salón:

-"Y allí está la maestra, y ya se murió".

La lógica

Estaban en un rancho dos compadres platicando, cuando uno le pregunta al otro:

-"Oiga compadre, ¿usted sabe qué madres es eso de la lógica?"

-"No compadre, ¿pos donde oyó usted esa pinche palabreja?"

-"No pos por ahí compadre, pero no sé qué chingaos quiere decir".

-"Mire compadre, le voy a preguntar al maestro de la escuela del pueblo, él sabe un madral de cosas, y luego le digo a usted compadre".

-"Pos órale compadre".

Y ahí va el compadre con el maestro. Al llegar a la escuela, le pregunta:

-"Oiga maestro, ¿usted sabe qué significa eso de la lógica?"

-"Claro que sí, mire le voy a explicar con un ejemplo. Usted tiene pecera, ¿no?"

-"No pos sí".

-"Bien, entonces por lógica a usted le gustan los peces".

-"No pos sí".

-"Bueno, pues si le gustan los peces, por lógica le gustan las cosas de colores, ¿no?"

-"No pos sí".

-"Y si le gustan las cosas de colores, por lógica usted es alegre y bullicioso, ¿no?"

-"No pos sí".

-"Y si es alegre y bullicioso, pues por lógica le gusta bailar, ¿no?"

-"No pos sí".

-"Y si le gusta bailar, por lógica baila usted con mujeres, ¿no?"

-"No pos sí".

-"Y si baila con mujeres, por lógica le gustan las mujeres, ¿no?"

-"¡Pos a huevo!"

-"Y si le gustan las mujeres, ¡por lógica usted es hombre! ¿Ya entendió lo qué es la lógica?"

-"No, pos sí, está re fácil. Gracias maestro".

Y se va el compadre a explicárselo al otro compadre. Cuando llega al rancho le dice a su compadre:

-"Oiga compadre, ya sé lo que significa la lógica".

-"A ver compadre, explíqueme pues'n".

-"Mire compadre, usted tiene pecera, ¿no?"

-"No compadre, yo no tengo pecera".

-"Ah, pinche compadre pos entonces por lógica ¡¡¡usted es puto!!!"

Chistes contra ellas...

¿Qué hacen tres mujeres en una isla desierta?
Se juntan dos y critican a la otra.

***

Están dos madres y una le dice a la otra:
-"Oye, dile a tu hija que me deje de estar imitando".
Y ésta le dice a su pequeña:
-"¡Niña! ¡Deja de hacerte la idiota!"

***

Después de estacionar su auto una mujer le pregunta a su marido:
-"Mi vida, ¿quedé muy separada de la banqueta?"
Y el marido le contesta:
-"¿De cuál de las dos?"

***

¿Sabes cómo dejar callada a una mujer?
Pregúntale que está pensando.

***

La mujer es el único "elemento matemático" que cumple con las cuatro funciones básicas:
1. Suma gastos.
2. Resta alegrías.
3. Multiplica los problemas.
4. Divide las opiniones.

***

¿Qué hacen 50 mujeres ahogándose en el Océano Atlántico?

¡Hacen bien!

¿Cuál es la diferencia entre una novia, una amante y una esposa?

Que la novia te dice: "¡ay, que dulce!"; la amante dice: "¡ay, que vigor!"; y la esposa dice: "hay que pagar la luz, hay que pagar el teléfono, hay que pagar el cable..."

***

¿En qué mes hablan menos las mujeres?
Febrero, porque sólo tiene 28 días.

***

¿Cuál es el astro de la mujer?
El astropajo.

***

¿Por qué las mujeres toda su vida se la pasan tomando agua?
Porque el 99% de sus problemas los solucionan llorando.

***

En el salón de belleza le acaban de lavar el cabello a una señora y le preguntan:
-"Señora, ¿le envuelvo la cabeza con una toalla?"
Y la señora responde:
-"No, me la llevo puesta".

***

Dos mujeres se pasean en un parque, y encuentran un espejo tirado en el suelo. Una de ellas lo levanta, lo ve y dice:
-"A esta muchacha yo la conozco".

La otra toma el espejo lo ve y le dice:
-"Claro que la conoces, ¡si soy yo!"

***

¿Sabes cuál es la similitud entre una mujer y una computadora?
En que no tienen cerebro... pero, ah que memoria tienen.

***

¿Qué tienes que hacer para que una mujer te empiece a fastidiar?
¡Casarte con ella!

Uno de gallegos

A eso de las 2.00 de la mañana Venancio se levanta con mucha temperatura y despierta a su amigo Juanelo:
-"Juanelo, me siento muy mal... tengo temperatura y no sé qué hacer... hay que hablarle a Manolo, él siempre sabe qué hacer, pero siempre se me olvida su número".

Juanelo de un brinco sale de la cama y va en busca del directorio; finalmente lo encuentra y marca el 55-55-55-55... Después de unos segundos Manolo medio dormido responde:

-"¿Bueno?"

-"¿Manolo?, fíjate que el Venancio tiene temperatura y no sabemos que hacer".

-"¡Dile que se compre un supositorio!", y cuelga medio enojado por que lo habían despertado.

Juanelo le dice a Venancio:

-"Dice el Manolo que te compres un supositorio".

Y Venancio le pregunta:

-"¿Y dónde lo vamos a comprar?"

Se quedan pensando un minuto y le vuelven a marcar por teléfono al Manolo: 55-55-55-55.

-"¿Bueno?"

-"Fíjate Manolo que no sabemos dónde comprar el supositorio".

-"¡JODER, pues en la farmacia!", y cuelga muy enojado.

Se van Venancio y Juanelo a la farmacia y al llegar dicen al encargado:

-"Que me de un supositorio por favor".

-"¿Para niño o para adulto?", pregunta el

boticario y se quedan viendo Venancio y Juanelo. Después de una pausa dicen:

-"Hay que hablarle a Manolo... 55-55-55-55".

-"¿Bueno?"

-"Mira Manolo que no sabemos si comprarle uno para adulto o para niño".

-"¿Venancio que es?, ¿un adulto o un niño?"

-"Pues un adulto".

-"¡CARAJO pues cómprale uno para adulto!", y cuelga furioso.

Finalmente compran el supositorio y se van a casa. Cuando abren la cajita y ven el supositorio se empiezan a preguntar:

"Bueno, ¿y éste qué?, ¿se toma?, ¿se unta?, ¿lo masticas?, ¿o qué?..., hay que hablarle a Manolo".

Y vuelven a marcar el 55-55-55-55.

-"¡Bueno!"

-"Mira Manolo que ya compramos el supositorio pero no sabemos si se lo unta, lo mastica, se lo toma ¿o qué?"

-"¡Dile a Venancio que se lo meta por el culo!"...y cuelga muy enojado.

Y le dice Juanelo a Venancio:

-"¡Pues yo creo que mejor te lo tomas con un vaso de agua porque el Manolo ya se ha encabronao!"

Descubrimientos

El hombre descubrió las armas e inventó la caza.

La mujer descubrió la caza e inventó los abrigos.

El hombre descubrió el color e inventó la pintura.

La mujer descubrió la pintura e inventó el maquillaje.

El hombre descubrió la palabra e inventó la conversación.

La mujer descubrió la conversación e inventó el chisme.

El hombre descubrió la agricultura e inventó la comida.

La mujer descubrió la comida e inventó la "chacha".

El hombre descubrió la amistad e inventó el amor.

La mujer descubrió el amor e inventó el matrimonio.

El hombre descubrió a la mujer e inventó el sexo.

La mujer descubrió el sexo e inventó el dolor de cabeza.

El hombre descubrió el comercio e inventó el dinero.

La mujer descubrió el dinero y... ¡ahí todo valió madres!

Historia en un avión

Iba un avión de un vuelo comercial con toda calma cuando, de repente, entran a una gran tormenta eléctrica. Después de diez minutos de pasar por ella, un rayo alcanza al avión y éste empieza a perder altura. En ese momento, se escucha la voz del capitán:

-"Señores pasajeros, les rogamos conservar la calma, el avión ha empezado a perder altura y estamos buscando un lugar para realizar un aterrizaje forzoso. De la manera más atenta, les pedimos permanecer en sus asientos y abrocharse el cinturón de seguridad".

Todos los pasajeros hacen lo que se les indica y varios de ellos comienzan a rezar. No obstante, una mujer histérica, de esas que nunca falta, se levanta nerviosa y camina al frente del avión. Temblando y con voz entrecortada grita a todos los pasajeros:

-"¡No lo soporto! !No pienso quedarme sentada en mi asiento sin hacer nada y en espera de la muerte! Si voy a morir, quiero hacerlo como toda una mujer... ¿Hay algún hombre aquí que me pueda hacer sentir una verdadera mujer...?"

Sorprendidos, los pasajeros se vieron unos a otros sin saber qué hacer. De repente, de las filas posteriores, se levanta un atractivo caballero que, con singular garbo camina hacia la mujer mientras se desabotona su camisa. La mujer, al verlo, comienza a emocionarse, y más cuando logró ver el abdómen marcado y los impresionantes y musculosos pectorales del señor que se dirigía hacia ella. Al llegar al frente del avión, se detiene frente a la dama con la camisa en la mano y le dice con ronca voz:

-"¡Toma, plancha esto!"

Unos de Condones

¿Cuál es la diferencia entre un condón y un ataúd?

Que los ataúdes son para los que se van y los condones son para los que se vienen.

***

Un señor llega a una farmacia y pide dos condones negros. El farmaceuta le pregunta:

-"¿Condones negros? ¿Para qué quiere condones negros?"

-"Para darle el pésame a mi vecina".

***

-"¿Tiene condones?"
-"Sí señor, ¿para casado o para soltero?"
-"¿Y eso importa?"
-"Claro que sí. Si es para soltero viene en cajas de siete: lunes, martes... Y si es para casado en cajas de doce: enero, febrero…"

***

-"Buenas, un condón por favor".
-"¿De qué talla?"
-"La verdad es que no la sé".
-"Pase al fondo a que lo midan".
Y del otro lado se escucha:
-"Carlos un 4..., no, Carlos un 5..., no, Carlos un seis..., Carlos un... papel".

***

Un niño llega a una farmacia y con voz muy alta dice:
-"Señorita me da un maldito condón".
-"¡Niño cuida tu lengua!"
-"Entonces me da dos".

***

Va una niña de cuatro años con la niñera por el parque y dice la niñera:
-"¡Ay, vea, niña, hay un condón en el césped!"
Y la niña le pregunta:
-"Y, ¿qué es césped?"

***

Pasa una viejita por el parque y de pronto ve a un joven con unos 15 niños agarrados de su brazo, y le dice:

-"Disculpe joven, ¿son todos ellos sus hijos?"

Y el joven le responde:

-"No, yo soy vendedor de condones y estos son reclamos".

***

Está una pareja de luna de miel en el hotel y comienzan a tirar los condones por la ventana. Permanecen así durante días y días, y no bajan ni a comer.

Preocupados, los dueños del hotel envían al camarero a la habitación.

-"Señor, ¿no les gustaría algo de comer?"

-"No, nosotros nos alimentamos sólo de amor".

-"Está bien, ¡pero entonces no tiren las pinches cáscaras por la ventana!"

***

Una mujer llega a una farmacia y pregunta:

-"¿Usted vende condones extra largos?"

-"Sí, claro. ¿Cuántos quiere?"
-"Yo, ninguno. Pero si no le importa, me gustaría sentarme aquí a esperar a que llegue alguien a pedirlos".

Congreso de medicina

En un congreso de médicos llevado a cabo en Estados Unidos, un galeno judío comenta:
-"La medicina en mi país está tan avanzada, que nosotros le sacamos el cerebro a una persona, se lo ponemos a otra y en 6 semanas esa persona ya está buscando trabajo".

Un médico alemán no se quiere quedar atrás y comenta:
-"Eso no es nada, en Alemania le sacamos el corazón a una persona, se lo ponemos a otra y en 4 semanas esa persona ya está buscando trabajo".

En eso toma la palabra un doctor ruso y dice:
-"Eso tampoco es nada, en Rusia la medicina está tan avanzada que le sacamos las bolas a una persona, se las ponemos a otra y en 2 semanas ambas personas ya están buscando trabajo".

En eso, y sin querer quedarse atrás, un médico mexicano responde:

-"Nada que ver colegas, todos ustedes están muy atrasados, en México escogimos a un hombre sin cerebro, sin corazón, sin bolas y lo pusimos de presidente, y ahora todo el país está buscando trabajo".

Publicistas

Pruebas de que los publicistas se dirigen inexorablemente hacia la estupidez. Aquí van algunas instrucciones auténticas que aparecen en las etiquetas de diversos productos de consumo:

1.- En una caja de jabón Dial puedes leer:
INDICACIONES: UTILIZAR COMO JABÓN NORMAL. (Es decir... ¿Con agua? ¿Cómo se usan los jabones anormales?).

2.- En algunas comidas congeladas Swan:
SUGERENCIA PARA SERVIR: DESCONGELAR PRIMERO. (Pero recuerda, sólo es una sugerencia).

3.- En un hotel que proporcionaba un gorro para la ducha en una caja:
VALE UNA CABEZA. (Sin comentarios...).

4.- En el postre Tiramisu marca Tesco (impreso en la parte de debajo de la caja):

NO VOLTEAR EL ENVASE. (¡Demasiado tarde!).

5.- En el budín de Mark & Spencer:

ATENCIÓN: EL PRODUCTO ESTARÁ CALIENTE DESPUÉS DE CALENTARLO.

(¿Por qué no ponerlo en la garantía?).

6.- En un paquete de las planchas Rowenta:

NO PLANCHAR LA ROPA SOBRE EL CUERPO. (Publicistas del mundo, ¡no crean todo lo que pasa en el chavo del ocho!).

7.- En un jarabe de Boot contra la tos para niños:

NO CONDUZCA AUTOMÓVILES NI MANEJE MAQUINARIA PESADA DESPUÉS DE USAR ESTE MEDICAMENTO. (Debemos mantener alejados de esas máquinas excavadoras a esos peligrosos individuos de 3 a 9 años).

8.- En las pastillas para dormir de Nytol:

PRECAUCIÓN: ESTE MEDICAMENTO PRODUCE SOMNOLENCIA. (No mames, si eso espero).

9.- En un cuchillo de cocina coreano:

IMPORTANTE: MANTENER FUERA DEL ALCANCE DE LOS NIÑOS Y LAS MASCOTAS. (¿Qué clase de mascotas tendrán los coreanos?).

10.- En una tira de luces de Navidad fabricadas en China:

SÓLO PARA USAR EN EL INTERIOR O EN EL EXTERIOR. (Ojo, única y exclusivamente).

11.- En los maníes de Sainsbury:

AVISO: CONTIENE MANÍES (¿O sea que no hay ciruelas?).

12.- En un paquete de frutas secas de American Airlines:

INSTRUCCIONES: ABRIR EL PAQUETE, COMER LAS FRUTAS SECAS. (Esto es por si querías abrir las frutas y comerte el paquete).

13.- En una sierra eléctrica sueca:

NO INTENTE DETENER LA SIERRA CON LAS MANOS. (Si alguien es tan pendejo para hacerlo, lo mejor es que se quede sin manos).

14.- En la caja de un televisor Wauta TV340:

ANTES DE MIRAR UN PROGRAMA ENCIENDA EL TELEVISOR. (En todo caso, primero enchúfalo ¿no?).

15.- En el manual de un teclado RAZOR Keyboard XP:

SI SU TECLADO NO FUNCIONA ESCRIBANOS UN E-MAIL A mailto:TECH@RAZOR. (¿Y cómo chingados?).

Términos en los 70 y en el 2000

1970 = Solterona
2000 = Profesional independiente
1970 = Lagartona
2000 = Mujer con experiencia
1970 = Humilde
2000 = Falto de huevos
1970 = Borracho
2000 = Bebedor social
1970 = Mujer Golpeada
2000 = Violencia Intrafamiliar.
1970 = Mujer Prudente (la que no denuncia al Golpeador).
2000 = Pendeja.
1970 = Mujer Abnegada
2000 = Mujer sojuzgada
1970 = Aventura amorosa
2000 = Refuerzo del compromiso matrimonial
1970 = Bolillo Torcido
2000 = Baguette
1970 = Tocar de oído algunos temas

2000 = Consultor/licenciado
1970 = Vendedor
2000 = Ejecutivo de cuentas
1970 = Que no me joda nadie
2000 = Estoy en una reunión
1970 = Curandero/a
2000 = Mentalista - Psíquico
1970 = Peluquero
2000 = Estilista
1970 = Profesor de gimnasia
2000 = Personal trainner
1970 = Escuincle Malcriado
2000 = Niño Montesori
1970 = Universitario Fresa
2000 = Chico Tec
1970 = Sirvienta
2000 = Asistente Personal del Hogar.
1970 = Tendedero
2000 = Secadora de Ropa.
1970 = Designación (Dedazo)
2000 = Candidato de Unidad.
1970 = Decir lo que piensas bajo tu propio riesgo
2000 = Libertad de Expresión.
1970 = Bailarina a-go-go
2000 = Teibolera

1970 = Bola de desocupados en una tribuna
2000 = Talk-show
1970 = La calentura es mutua
2000 = Funciona la química
1970 = Manipular a la opinión pública
2000 = Fenómeno mediático
1970 = No entendí un carajo
2000 = Hay que leer entre líneas
1970 = Flaca
2000 = Anoréxica
1970 = Decir pendejadas
2000 = Las expresiones están fuera de contexto
1970 = Tercer Mundo
2000 = Países Emergentes
1970 = Loca
2000 = Mujer autónoma y Decidida
1970 = Despidos masivos
2000 = Reestructuración
1970 = Turismo para pobres
2000 = Turismo alternativo
1970 = Abuelos
2000 = Babysitter
1970 = Monopolio informativo
2000 = Multimedio
1970 = Hacer pendejadas

2000 = Esto me sirve de terapia
1970 = ¿Me das tu teléfono?
2000 = ¿Me das tu e-mail?
1970 = Robo indiscriminado de los políticos
2000 = Déficit fiscal
1970 = Mapache Electoral
2000 = Operador Político
1970 = Fraude Electoral
2000 = Concertaceción
1970 = Caminar entre piedras, arbustos y troncos en la Marquesa
2000 = Hacer Tracking
1970 = Acomodador político... rentachambas
2000 = Asesor
1970 = Vestirse con cualquier porquería
2000 = Ser fashion
1970 = Trasladar la propia ineficiencia
2000 = Outsourcing
1970 = Darle la vuelta a los mismos problemas pero con otra tecnología
2000 = Reingeniería
1970 = Egoísmo y fanfarronería
2000 = Tener autoestima
1970 = Turismo aislado de la zona de los pobres

2000 = Resort

1970 = Fracaso en la dirección de la empresa

2000 = Downsizing / reducción de la planta

1970 = Políticos con Mucha Experiencia

2000 = Los Mismos de Siempre (Dinosaurios).

1970 = Ideólogos Políticos

2000 = Dueños de Los Partiditos.

1970 = El Señor Presidente de los Estados Unidos Mexicanos

2000 = Ese ¿=)(/&%$#;:_* del Fox.

1970 = Los señores Diputados y Senadores

2000 = Los Pinches Diputados y Senadores Huevones, Rateros.